Franz Pieper

Unsere Stellung in Lehre und Praxis

Vortrag gehalten vor der Delegatensynode 1893 der Synode von Missouri,

Ohio und anderen Staaten

Franz Pieper

Unsere Stellung in Lehre und Praxis
Vortrag gehalten vor der Delegatensynode 1893 der Synode von Missouri, Ohio und anderen Staaten

ISBN/EAN: 9783337200770

Hergestellt in Europa, USA, Kanada, Australien, Japan

Cover: Foto ©Lupo / pixelio.de

Weitere Bücher finden Sie auf **www.hansebooks.com**

Unsere Stellung in Lehre und Praxis.

Vortrag

gehalten

vor der Delegatensynode 1893 der Synode von Missouri,
Ohio und anderen Staaten

von

F. Pieper.

St. Louis, Mo.
CONCORDIA PUBLISHING HOUSE.
1896.

Vorbemerkung.

Der hier in Broschürenform erscheinende Vortrag ist von dem Unterzeichneten vor der Delegatensynode, die im Frühjahr 1893 in St. Louis tagte, gehalten worden. Die Synode beschloß, daß der Vortrag im „Lutheraner", im Synodalbericht und als Pamphlet gedruckt werde. Wenn das Concordia Publishing House den letzten Theil des Synodalbeschlusses erst jetzt zur Ausführung bringt, so hat das seinen Grund darin, daß der Vortrag nach der Veröffentlichung im „Lutheraner" von einer Anzahl Zeitschriften in extenso abgedruckt wurde.

Bei der Ausarbeitung des Vortrages schwebte dem Unterzeichneten das Ziel vor, einen kurzen, aber zugleich möglichst vollständigen Ueberblick über unsere Stellung in Lehre und Praxis zu geben. Eine ausführliche Begründung wird man in einem Vortrage nicht erwarten. Dagegen war das Bestreben darauf gerichtet, die Grundsätze, welche der Synode für ihre Stellung maßgebend sind, möglichst klar ins Licht zu stellen.

Wir sogenannten Missourier sind uns sehr wohl des principiellen Gegensatzes bewußt, in welchem wir zu den Bestrebungen der modernen Theologie stehen. Es ist uns auch nicht verborgen, daß wir bei dem größten Theil des kirchlichen Publicums persona ingrata sind. Wir haben aber auch immer die Erfahrung gemacht, daß einzelne Christen und Theologen ihr Urtheil über unsere Synode wesentlich änderten, wenn sie deren wirkliche Stellung in Lehre und Praxis kennen lernten. Vielleicht dient auch dieser Ueberblick über „Unsere Stellung in Lehre und Praxis" dazu, daß sich der Eine oder Andere ein sach= liches Urtheil über die Synode von Missouri bilde.

F. Pieper.

Inhalt.

Unsere Stellung in Lehre und Praxis.

Unsere Stellung in der Lehre.

Ich beginne mit unserer Stellung zur Heiligen Schrift. — Nicht nur in der äußeren Christenheit im Allgemeinen, sondern auch in solchen Theilen der Kirche, welche sich noch lutherisch nennen, greift man heutzutage die unfehlbare Autorität der Heiligen Schrift an. Die Heilige Schrift soll nicht mehr das unfehlbare Gotteswort sein, dem sich alles, was Mensch heißt, im Glaubensgehorsam zu unterwerfen hat, sondern ein Buch, das auch irrige Menschenmeinungen enthalte, an dem daher die Menschen Kritik üben könnten und müßten.

Solche Angriffe auf die Heilige Schrift sind ja nichts Neues. Heiden und offenbar Ungläubige haben zu allen Zeiten behauptet, daß in der Schrift Irrthümer und Widersprüche sich fänden und daß darum die Schrift nicht Gottes Wort sein könne. Wir finden daher sowohl die Kirchenväter als auch die späteren Lehrer der Kirche gelegentlich damit beschäftigt, diese Angriffe auf die Heilige Schrift zurückzuweisen. Aber neu ist, daß zu unserer Zeit die Lehrer der Kirche, und zwar solche, die das größte Ansehen haben, im Angriff auf die Heilige Schrift mit Heiden und Ungläubigen gemeinschaftliche Sache machen.

Das ist die eigenthümliche Sachlage in unserer Zeit! Die Lehrer der Kirche sind aus Vertheidigern der Heiligen Schrift deren Ankläger geworden. Sie behaupten nun auch — in Wort und Schrift —, daß nicht die ganze Heilige Schrift

Gottes Wort und unfehlbare Wahrheit sei. Die altkirchliche Lehre von der Inspiration, das heißt, die Lehre, daß die heiligen Schreiber nicht aus ihrem Eigenen, sondern nur das schrieben, was der Heilige Geist ihnen eingab, müsse aufgegeben werden. Man müsse zwischen Wesentlichem und Unwesentlichem, zwischen Hauptsachen und Nebensachen in der Schrift unterscheiden. Jene seien vom Heiligen Geist eingegeben oder doch unter einer besonderen Leitung des Heiligen Geistes niedergeschrieben worden, diese nicht. In diesen letzteren Dingen müsse man Irrthümer zugestehen.

Es liegt auf der Hand, daß hiermit eine völlig neue Ordnung der Dinge in der christlichen Kirche geschaffen wird. Die Stellung der Menschen zur Schrift wird völlig geändert. Die Menschen stehen nicht mehr u n t e r, sondern ü b e r der Schrift. Denn wenn man auch zugibt, daß alle wesentlichen Stücke der seligmachenden Wahrheit in der Schrift sich finden, so hängt doch die Bestimmung darüber, was nun in der Schrift unfehlbare göttliche Wahrheit und im Glauben anzunehmen sei, vom Menschen ab. Nicht die H e i l i g e S c h r i f t bestimmt in letzter Instanz unsern Glauben, sondern die M e n s c h e n, welche in der Heiligen Schrift zwischen Wahrheit und Irrthum scheiden. Nicht mehr G o t t regiert in der Kirche durch das Wort der Heiligen Schrift, sondern die M e n s c h e n werden thatsächlich zu Regenten in der Kirche eingesetzt, welche die Scheidung zwischen der Wahrheit und dem angeblichen Irrthum in der Schrift vollziehen.

Diese Stellung zur Schrift ist g o t t l o s. Wer Irrthümer in der Schrift annimmt, widerspricht Christo ins Angesicht, der von der ganzen Schrift und jedem einzelnen Wort derselben sagt: „Und die Schrift kann doch nicht gebrochen werden." Die die Inspiration der Heiligen Schrift auf das sogenannte Wesentliche der Schrift einschränken wollen, widersprechen dem Apostel Christi, welcher uns bezeugt: „Alle Schrift von Gott eingegeben."

Aber auch hier sucht sich der Teufel noch in einen Engel des Lichts zu verstellen. Die Leugner der Unfehlbarkeit der Schrift behaupten im Interesse der wahren Gläubigkeit und Frömmigkeit zu handeln. Sie machen gegen uns geltend, daß der Glaube, welcher sich so schlechthin auf das Wort der Schrift gründe, Buchstabendienst sei und eine todte Rechtgläubigkeit fördere. Bei ihrer Stellung zur Schrift hingegen werde die Sache des Christenthums auf die innere Erfahrung gestellt. Die Christen würden angehalten, das als Wahrheit anzu= nehmen, was sich ihnen in der geistlichen Erfahrung als Wahr= heit bewähre. So werde die innere Gläubigkeit gefördert und der Veräußerlichung des Christenthums vorgebeugt. Das Christenthum sei etwas, was seine Gewißheit in sich selbst trage und nicht der Verbürgung durch den Buchstaben der Schrift bedürfe.

Neu sind auch hierbei nur eine Anzahl von Ausdrücken, insofern man diese Art Theologie heutzutage „christliche Wissen= schaft" nennt, näher, Ableitung der Lehre aus dem einheitlichen Princip des wiedergebornen oder christlichen Ich, aus dem christlichen Bewußtsein, aus dem Glauben der Kirche ꝛc. Die Sache ist alt. Wir haben hier, der Sache nach, denselben Irrthum, welchen Luther an den Schwärmern bekämpfte. Es ist der „Geist", der so klug und fromm ist aus sich selbst und durch sich selbst, daß er des äußeren, objectiv ge= wissen Wortes Gottes nicht bedarf, ja, sich durch dasselbe nur ungehörig beengt fühlt. Ueber die Frömmigkeit dieses Geistes spricht sich Luther, und ihm nach unsere Kirche, in den Schmalkaldischen Artikeln bekanntlich also aus: „Alles, was ohne solch Wort" (nämlich äußerlich Wort) „und Sacrament vom Geist gerühmet wird, das ist der Teufel" (Müller, S. 322). Dasselbe Urtheil haben wir über die neuere Theologie zu fällen, insofern sie uns von dem gewissen, äußeren inspirirten Wort der Heiligen Schrift auf die „innere Gläubigkeit" führen will. Daß man dies „Wissenschaft" titulirt, imponirt uns nicht, und

daß man dies wahre „Gläubigkeit" nennt, verfängt bei uns
nicht. Wir wissen, was es ist. Es ist Unglaube. Glauben
heißt nach biblischem und kirchlichem Sprachgebrauch, sich —
auch wider Vernunft und „Erfahrung" — auf Gottes Wort
gründen, wie es in der Schrift geschrieben steht. Nur das
glauben und festhalten wollen, was sich dem Menschen als wahr
und annehmbar erweist — nun, das ist — ebenfalls nach dem
Sprachgebrauch der Schrift und der christlichen Kirche — Un=
glaube! Es ist auch nicht das christliche, sondern das un=
christliche Ich, welches sich also geberdet. Es ist der Geist
der Revolution des Menschen gegen Gott in seinem unfehl=
baren Wort, dem man ein sehr fadenscheiniges Mäntelchen der
Gläubigkeit und Frömmigkeit umzuhängen trachtet. Es wird
nach diesem Recept in der Kirche Gottes alles umgekehrt und
auf den Kopf gestellt. Der Glaube ruht nicht mehr auf der
Schrift, sondern die Schrift ruht auf dem Glauben. Die Kirche
ist nicht mehr auf dem Grund der Apostel und Propheten er=
baut, sondern die Kirche steht auf sich selbst und die Schriften
der Apostel und Propheten sind ein verbesserungsbedürftiger
Auswuchs am Baum der Kirche. Nicht die Schrift richtet,
was in der Kirche recht oder unrecht sei, sondern die Kirche
richtet, was in der Schrift wahr oder falsch sei. Kurz: Es
wird die Selbstherrlichkeit des sogenannten „christlichen
Ich" proclamirt. Die Kirche soll souverän sein dem Worte
Gottes und somit Gott selbst gegenüber. Es ist die Anarchie
auf dem Gebiete der Kirche. Dem Anarchismus auf dem
Gebiete des Staates tritt in unserer Zeit ein Anarchismus
in der Kirche zur Seite. Er ist die nothwendige Folge da=
von, daß man die christliche Lehre von der Inspiration der
Schrift und damit die völlige Irrthumslosigkeit der Schrift
aufgibt.

Wir wollen durch Gottes Gnade von diesem wahnwitzigen
Treiben — denn anders kann man es nicht nennen — durchaus
fern bleiben.

Wir wollen unsern Glauben, wie nicht auf den Pabst und die Tradition der Kirche, so auch nicht auf das „gläubige Ich", sondern auf das Wort der Apostel und Propheten, das heißt, auf das Wort der Schrift, gründen. Darum halten wir trotz alles Widerspruchs an der Inspiration der Heiligen Schrift fest, das heißt, wir halten fest, daß nicht bloß etwas oder viel in der Schrift, sondern daß die Schrift schlechthin, das heißt, alle Schrift von Gott eingegeben sei; daß die heiligen Menschen Gottes nicht zum Theil nur aus Eingebung des Heiligen Geistes, zum Theil aber aus sich selbst geredet haben, sondern daß sie, wie die Schrift bezeugt, geredet haben, getrieben von dem Heiligen Geist. Es steht uns fest, daß die Schrift keine Irrthümer enthalte, sondern in allen ihren Worten unverbrüchliche Wahrheit sei. Und das wollen wir nicht erst durch eine kritische Untersuchung der Schrift feststellen, sondern das glauben wir auf Grund des Zeugnisses der Schrift über sich selbst, wie wir alle Glaubensartikel auf diesen Grund hin annehmen. Wir freuen uns zwar, nachweisen zu können, daß die Widersprüche, auf welche sich die Feinde der Schrift berufen, thatsächlich nicht vorhanden sind. Aber auf diesen Nachweis gründen wir nicht unsern Glauben an die Schrift.

Im Anschluß hieran einige Worte über die sogenannte höhere Kritik. Dies ist ein ganz wunderbarer Zweig an dem Baum der modernen Schriftwissenschaft. Er nennt sich „höhere" Kritik im Unterschiede von der „niederen" oder Textkritik, welche sich mit der Feststellung des biblischen Textes auf Grund der alten Documente beschäftigt. Diese Textkritik ist an sich ein ehrliches Geschäft. Dasselbe läßt sich nicht von der sogenannten höheren Kritik sagen. Indem man in einer gewissen „wissenschaftlichen", nur dem engen Kreis der Sachkundigen verständlichen Weise die einzelnen Bücher der Schrift ansieht, will man unter Absehung auch von dem, was die Schrift selbst über sich sagt, dahinterkommen, wann und von wem die einzelnen Bücher der Schrift geschrieben worden seien. Wir wollen

nicht weiter versuchen, uns das eigenthümliche wissenschaftliche
Verfahren klar zu machen, zumal die namhaftesten Vertreter des=
selben behaupten, daß nur der enge Kreis der Eingeweihten im
Stande sei, diese Wissenschaft zu verstehen und zu würdigen.
Wir wollen nur nach den allen Christen verständlichen Resul=
taten fragen.

Das Resultat ist beispielsweise dieses: Während der HErr
Christus bezeugt: Moses hat von mir geschrieben, sagt die
höhere Kritik fast einstimmig: Kein Wort hat Moses von Chri=
stus geschrieben. Was wir jetzt die fünf Bücher Moses nennen,
rührt von drei oder vier verschiedenen Autoren her, die lange
nach Moses gelebt haben, und deren Schriften, immer wieder
überarbeitet und an einander und in einander geschoben, schließ=
lich von einem anonymen Redactor, der nahezu tausend Jahre
nach Moses lebte, in die uns vorliegende Form gebracht wor=
den sind. Zu diesem Resultat kommt die höhere Kritik, indem
sie gedachten Personen gewisse Eigenschaften in Sprache und
Ausdruck willkürlich zuschreibt oder abspricht, und nach diesen
angenommenen Eigenthümlichkeiten den Text der Schrift zer=
schneidet und wieder zusammensetzt.

Wir können der höheren Kritik, wie sie vor uns hintritt,
schlechterdings g a r k e i n Compliment machen. Wir ver=
urtheilen sie vom Standpunkt der Vernunft aus als eine
Narrheit, und vom Standpunkt des Christenthums aus als
eine Gotteslästerung. Auch die positivsten unter den höheren
Kritikern verlangen eine Revision, das heißt, ein Aufgeben der
Inspirationslehre, weil sie fühlen, daß man mit einer Schrift,
die Gottes Wort ist, nicht so umgehen darf, wie die Methode
der höheren Kritik es vorschreibt.

Wir haben auch Veranlassung, mit einigen Worten u n s e r e
Stellung in der Lehre von Gott zu kennzeichnen. Der
einige wahre Gott ist Vater, Sohn und Heiliger Geist, drei
unterschiedliche Personen, aber „gleich ewig, gleich groß“.
Keine Person hat das göttliche Wesen mehr oder weniger, als

die andere, sondern jede hat das eine göttliche Wesen ganz.
Das glauben wir auf Grund der Heiligen Schrift.
Wir verwerfen es, wenn man in neuerer Zeit die Lehre von der
Dreieinigkeit aus einem sogenannten Grundbegriff, z. B. aus
dem Begriff der „Urpersönlichkeit" oder des „absoluten Willens"
oder aus dem Begriff der „Liebe" oder aus irgend einem an=
dern „Begriff" entwickeln und so als „nothwendig" für die
menschliche Vernunft nachweisen will. Alle Beweise für die
Vernunftmäßigkeit der Lehre von der heiligen Dreieinigkeit
sind vom Uebel, weil sie im besten Falle nichts beweisen, ge=
wöhnlich aber mit ganz falschen Vorstellungen verbunden sind
und das göttliche Geheimniß zerstören. Wir glauben mit der
ganzen Christenheit auf Erden einen dreieinigen Gott, weil die
Heilige Schrift uns dieses hohe und selige Geheimniß
offenbart.

Von dem Sohne Gottes bekennen wir dem modernen
Irrthum gegenüber insonderheit, daß er mit dem Vater und
dem Heiligen Geist sei „gleicher Gott von Macht und Ehren".
Jeden Subordinatianismus, das heißt, jede Lehre, welche den
Sohn Gottes nach seiner göttlichen Natur geringer macht als
den Vater, halten wir für einen Rückfall in heidnische Viel=
götterei. Denn ist der Sohn dem Wesen nach geringer als der
Vater, so gibt es nicht bloß ein, sondern mehrere göttliche
Wesen, und es wird nicht mehr ein einiger Gott geglaubt,
sondern mehrere Götter werden angenommen.

Von dem Sohne Gottes bekennen wir weiter, daß er in
der ganzen Fülle des göttlichen Wesens Mensch ge=
worden sei. Wir verwerfen die sowohl gegen den natürlichen
Gottesbegriff als auch gegen die klare Schrift verstoßende Lehre
der sogenannten Kenotiker, daß der Sohn Gottes in seiner
Menschwerdung und zum Zweck derselben einen Theil der gött=
lichen Eigenschaften, nämlich die Allmacht, Allwissenheit und
Allgegenwart, abgelegt habe und so gleichsam als ein halber
Gott Mensch geworden sei. Wir halten vielmehr fest, daß der

Sohn Gottes auch im Stande der Erniedrigung die ganze
göttliche Herrlichkeit besessen habe, und daß so „der HErr der
Herrlichkeit" mit seinem Thun und Leiden für uns ins Mittel
getreten sei und dadurch eine ewige Erlösung erfunden habe.
So glauben wir auf Grund der Schrift. Wie einst die Jünger
an Christo auch im Stande der Erniedrigung seine Herrlichkeit
sahen, eine Herrlichkeit als des eingebornen Sohnes vom Vater,
so schauen wir jetzt noch dieselbe Herrlichkeit an Christo in den
heiligen Evangelien. Der Abzug von der göttlichen Herrlich=
keit, welchen die moderne Theologie sich gestattet, ist durch den
Rationalismus dieser Theologie veranlaßt, welcher das künd=
lich große Geheimniß der Offenbarung Gottes im Fleisch der
menschlichen Vernunft begreiflicher machen will, aber dabei auf
immer neue Thorheiten, auch vor der menschlichen Vernunft,
geräth.

Wenn neuerdings in Deutschland Männer aufgetreten sind,
welche im zweiten Artikel das „Empfangen vom Heiligen Geist"
streichen und Christum für einen natürlichen Sohn von Joseph
und Maria erklären wollen, so stehen diese außerhalb der christ=
lichen Kirche.

Besonders haben wir in der Lehre vom Heilswege
dem modernen Irrthum gegenüber die geoffenbarte Wahrheit
zu bekennen.

Der Character der modernen Theologie besteht darin, daß
sie unter dem Vorgeben, den Menschen nicht zu einer Maschine
begradiren lassen zu wollen, das dem Menschen zuschreibt, ganz
oder theilweise, was doch Gott allein zukommt; daß sie den
Menschen da mitwirken läßt, wo doch Gott allein wirkt.
Das trat uns schon bei der Lehre von der Inspiration ent=
gegen. Die Heilige Schrift soll nicht lauter Gottes Wort sein,
das Gott durch Menschen, als seine bloßen Werkzeuge, geredet
hat, sondern ein Product, das durch ein Zusammenwirken von
Gott und Mensch entstanden und somit theils Gotteswort, theils
Menschenwort ist. So auch in der Lehre vom Heilswege. Be=

kehrung und Seligkeit soll nicht allein von Gottes Gnade ab=
hängig, sondern ein Product des Zusammenwirkens von Gott
und Mensch sein. Und wie bei der Annahme, daß die Heilige
Schrift theils Gottes=, theils Menschenwort ist, der Mensch zum
Richter über die Schrift eingesetzt wird, so wird bei der An=
nahme, daß Gott und Mensch zur Bekehrung zusammenwirken,
des Menschen Thun oder Verhalten gerade zum ausschlaggeben=
den Factor bei der Bekehrung und Erlangung der Seligkeit ge=
macht. Was sich ergibt, ist dies: unsere Seligkeit soll nicht in
Gottes Gnadenhand, sondern in unserer eigenen Hand stehen.
Man hat sich nicht gescheut, es auszusprechen, daß Bekehrung
und Seligkeit im letzten Grunde auf des Menschen Selbstent=
scheidung oder gutem Verhalten beruhe. Das ist der allgemeine
Character der modern=lutherischen Lehre vom Heilswege, inso=
fern sie sich von der Lehre der Kirche der Reformation unter=
scheidet.

Wir sagen uns von jeder Lehre, durch welche eine Mit=
wirkung des Menschen zu seiner Bekehrung angenommen wird,
als einer radicalen Verfälschung des ganzen Christenthumes
auf das Entschiedenste los.

Unsere Lehre von der Bekehrung ist diese: Wir
glauben auf Grund der Heiligen Schrift, daß der natürliche
Mensch nicht bloß halbtodt, sondern todt — wirklich todt —
in Sünden sei; daß der natürliche Mensch dem Heil in Christo
sich nicht entgegenstreckt, sondern dasselbe für eine Thorheit
hält und sich, so viel an ihm ist, gegen dasselbe wehrt. Wir
halten darum auch auf Grund der Schrift mit unserm Be=
kenntniß fest, daß jede Bekehrung, welche zu Stande kommt,
weder zur Hälfte, noch zum vierten, noch auch zum tausendsten
Theil auf des Menschen Mitwirkung oder gutem Verhalten
stehe, sondern „in solidum“ ein Werk des Heiligen Geistes
sei, der dasselbe mit seiner allmächtigen Gnadenkraft durch die
Gnadenmittel in uns vollbringt. Wir glauben von ganzem
Herzen: Gott, der da hieß das Licht aus der Finsterniß hervor=

leuchten, der hat einen hellen Schein in unsere Herzen gegeben. Daß wir zum Glauben an Christum kommen, geschieht nach der Wirkung seiner mächtigen Stärke, die er gewirket hat in Christo, da er ihn von den Todten auferwecket hat. Da wir todt waren in Sünde, hat er — Gott — uns sammt Christo lebendig gemacht. Die Bekehrung ist eben nicht eine Aus=besserung des alten Menschen oder eine Erregung (excitatio) von im Menschen noch schlummernden Kräften, sondern eine von Gott gewirkte Wiebergeburt, die Erweckung eines geistlich Todten, die Setzung eines neuen geist= lichen Lebens.

Man hat uns zugerufen: Was für eine Kluft richtet ihr da zwischen dem natürlichen Menschen und dem Christen auf? Habt ihr denn gar kein Verständniß für das natürlich Gute im Menschen, für die Rechtschaffenheit und Ehrbarkeit und für die Tugendbestrebungen, die sich doch auch noch bei dem natür= lichen Menschen finden? Wohl erkennen wir — gleichfalls mit unserm Bekenntniß — eine bürgerliche Gerechtigkeit im natür= lichen Menschen an. Wir halten sie auch hoch als ein köstliches, ja, als das köstlichste Gut auf dem Gebiete des Staates oder bürgerlichen Lebens. Aber alle natürliche bürgerliche Recht= schaffenheit ist weder ein Theil der Bekehrung noch eine Vor= bereitung auf dieselbe. Alles menschliche Streben, auch in seiner edelsten Gestalt, bleibt auf dem Gebiet des Fleisches. Aus dem Fleisch kommt nie der Geist heraus. Man kann dem Fleisch durch keine Schulung, Bildung und Cultur, weder durch die Logik, noch durch die Psychologie, noch durch die Metaphysik den Geist entlocken, weil — nun weil er nicht drin ist. Was vom Fleisch geboren ist, das ist und bleibt Fleisch. Nur was vom Geist geboren ist, das ist Geist. Nur Gottes allmächtige Gnadenhand kann die dem Menschen unübersteigliche Kluft zwischen Fleisch und Geist überbrücken. Nur eins kann der Mensch bei diesem Handel thun. Er kann Gottes Gnaden= werk hindern. Je mehr er sich z. B. durch seine Rechtschaffen=

heit zur Gnade schicken will, desto ferner tritt er der Gnade, und je mehr er sich bemüht, das Gnadengeheimniß mit der Vernunft zu messen, desto thörichter erscheint es ihm. Wie unser Bekenntniß sagt: „Wenn schon die allersinnreichsten und gelehrtesten Leute auf Erden das Evangelium vom Sohne Gottes und Verheißung der ewigen Seligkeit lesen oder hören, dennoch können sie dasselbige aus eigenen Kräften nicht vernehmen, fassen, verstehen noch glauben, sondern je größern Fleiß und Ernst sie anwenden, und diese geistliche Sachen mit ihrer Vernunft begreifen wollen, je weniger sie verstehen und glauben und solches allein für Thorheit oder Fabeln halten, ehe sie durch den Heiligen Geist erleuchtet und gelehrt werden."

Doch da hält man uns entgegen: „Wir meinen auch keine Mitwirkung zur Bekehrung oder Selbstentscheidung für Bekehrung aus natürlichen, sondern aus geistlichen, von Gottes Gnade zuvor geschenkten Kräften. Die Gnade ist uns alles!" In dieser Gestalt hält der Irrthum in unsrer Zeit viele gefangen. Aber man betrügt sich selbst. Daß man nämlich die Bekehrung doch nicht von der Gnade gewirkt sein läßt, tritt auf mehrfache Weise alsbald zu Tage. Man will ja durch die angenommene menschliche Mitwirkung, Selbstentscheidung, gute Aufführung ꝛc. vor der menschlichen Vernunft erklären, warum unter den Menschen die einen vor den andern bekehrt werden. Ein lediglich von der Gnade gewirktes gutes Verhalten würde aber nicht erklären, warum die einen vor den andern bekehrt werden. Sobann bringt man auch selbst das gute Verhalten ausdrücklich in Gegensatz zur Gnade, indem man sagt, daß die Bekehrung nicht allein von Gottes Gnade, sondern in gewisser Beziehung auch vom Verhalten des Menschen abhängig sei. Kurz, dieser Lehre, daß des Menschen Bekehrung von der Mitwirkung, Selbstentscheidung, oder dem guten Verhalten des Menschen abhänge, liegt die Leugnung des „allein aus Gnaden" zu Grunde.

2

Aber, hält man uns endlich entgegen: „Man kann ja, wenn die Bekehrung allein von der Gnade gewirkt wird, nicht begreifen, warum dann nicht alle Menschen bekehrt werden!" Wir antworten: Wir wissen so viel, daß es Gottes Gnade, und zwar Gottes Gnade allein ist, die uns bekehrt hat, und auf der andern Seite wissen wir, daß es die Schuld der Menschen, und zwar der Menschen allein, und nicht in einem Mangel der Gnade begründet ist, wenn Menschen nicht bekehrt werden. Dabei lassen wir's bleiben, weil uns die Schrift nicht mehr offenbart. Ein Christ hat wirklich nicht das Interesse, daß ihm alle Fragen, die die menschliche Vernunft aufwirft, beantwortet werden. Er will vor allen Dingen auf eine Frage gewisse Antwort haben, auf die Frage nämlich, wie ein Sünder selig wird. Ist ihm diese Frage beantwortet, so läßt er ihm genügen. Er hat nun im Glauben Gottes Gnade, den Himmel und die Seligkeit. Und das ist immerhin schon etwas. Nun wird es ihm nicht mehr das Herz verbrennen, daß er nicht alles wissen kann, sondern er in Bezug auf manche Dinge, die zur Seligkeit zu wissen nicht noth sind, bekennen muß: „Das weiß ich nicht", zumal der heilige Apostel sehr nachdrücklich alle Christen und auch alle Theologen daran erinnert, daß die Erkenntniß der göttlichen Dinge hienieden Stückwerk sei, und daß dieses Stückwerk erst aufhören werde, wenn das Vollkommene kommen wird. Wenn man in neuerer Zeit so viel von den „intellectuellen Bedürfnissen" der Christen redet, die zu befriedigen die Theologie die Aufgabe habe, so schiebt eine rationalistisch entartete Theologie ihren Standpunkt der christlichen Kirche unter. Die christliche Kirche will gar nicht über Gottes Wort hinaus klug sein.

Die Lehre von der Rechtfertigung hängt mit der Lehre von der Bekehrung aufs engste zusammen. Indem wir für das „allein aus Gnaden" in der Lehre von der Bekehrung kämpfen, kämpfen wir natürlich zugleich für das „allein aus Gnaden" in dem Artikel von der Rechtfertigung.

Als Erasmus gegen Luther in den öffentlichen Kampf trat mit
der Behauptung, daß der freie Wille des Menschen in geistlichen
Dingen noch etwas, wenn auch wenig, vermöge, da bekannte
Luther in seiner Antwort: „Du bist mir an die Kehle gefahren."
Luther wollte damit sagen: „Hat Erasmus recht mit seiner Be-
hauptung von der Mitwirkung des Menschen zur Bekehrung,
so fällt meine Lehre, auf welcher ich wider das Pabstthum stehe,
die Lehre nämlich, daß der Mensch aus Gnaden um Christi
willen, das heißt, allein durch den Glauben und nicht durch
die Werke gerecht und selig wird, dahin." So ist es! Die
Patrone des freien Willens sind Feinde der Gnade. Jeder
Synergismus stößt den Artikel von der Rechtfertigung um.
Hängt die Bekehrung oder der Glaube nicht allein von Gottes
Gnade ab; ist der Glaube nicht eine Wirkung der Gnade allein,
sondern auch ein Product des menschlichen Willens: dann wird
der Mensch nicht mehr aus Gnaden um Christi willen gerecht,
selbst wenn man den Ausdruck „durch den Glauben" oder auch
„allein durch Glauben" äußerlich noch festhält. Das ist dann
nicht mehr der Glaube, den der heilige Apostel bei der Rechtfertigung in Gegensatz zu Menschenwerken stellt, wenn er
schreibt: „So halten wir es nun, daß der Mensch gerecht werde
ohne des Gesetzes Werke, allein durch den Glauben", und:
„Derhalben muß die Gerechtigkeit durch den Glauben kommen,
auf daß sie sei aus Gnaden", sondern der Glaube der Semi-
pelagianer und Synergisten ist selbst ein theilweises Menschen-
werk und ihre Lehre von der Rechtfertigung aus dem Glauben
ist thatsächlich eine Rechtfertigung auch aus den Werken.
So sehr ist der Synergismus seinem Wesen nach Leugnung
des Artikels, daß der Mensch allein aus Gnaden gerecht und
selig werde, daß das Gewand der Rechtgläubigkeit, in das er
sich durch den Gebrauch einzelner rechtgläubiger Ausdrücke zu
hüllen sucht, sich bei jeder Bewegung verschiebt und ihn in der
Schande seiner Blöße vor allen Sehenden offenbar werden läßt.
Dieselben Leute nämlich, welche bei gewissen Gelegenheiten das

„allein aus Gnaden" mit dem Munde hoch rühmen, sagen zu anderer Zeit frank und frei: daß des Menschen Seligkeit im letzten Grunde auf seiner eigenen freien Entscheidung beruhe, oder: daß die Seligkeit nicht allein von Gottes Gnade abhänge, oder: daß der Glaube in der Rechtfertigung als freie Selbstthat des Menschen zu fassen sei. Wollen wir daher den Hauptartikel der christlichen Religion festhalten, den Artikel, wodurch sich die christliche Religion von allen heidnischen und sogenannten christlichen Religionen unterscheidet, nämlich den Artikel von der Rechtfertigung, den Artikel, daß der Mensch aus Gnaden um Christi willen durch den Glauben selig wird: so müssen wir mit allem Synergismus unverworren bleiben. Unser Kampf in dem Streit über die Bekehrung und Gnadenwahl galt dem Artikel von der Rechtfertigung. Hätten wir, um äußerlich Frieden zu bewahren, dem sich erhebenden Synergismus eine Stätte unter uns gewährt, so hätten wir aufgehört, die Kirche der Reformation zu sein.

Wir haben soeben den Artikel von der Gnadenwahl erwähnt. Sollen wir ganz kurz unsere Stellung in diesem Lehrartikel angeben, so sagen wir: Wir weisen alle alten und neuen Irrlehren zurück, durch welche irgendwie, grob oder fein, die allgemeine Gnade oder die freie Gnade geleugnet wird.

Wir stehen erstlich im Gegensatz zu allen, die die allgemeine Gnade Gottes leugnen oder schmälern. Wir lehren, es gibt keine Prädestination zur Verdammniß, weder so, daß Gott von vornherein einen Theil der Menschen zur Verdammniß erschaffen hätte, noch so, daß Gott mit seiner Gnade an einem Theile der Menschen vorüberginge. Wir unterscheiden nicht zwischen einer schwachen allgemeinen und einer starken bekehrenden Gnade, welche erstere sich auf alle Menschen und welche letztere sich nur auf die Seligwerdenden bezöge, sondern wir halten dafür, daß auch die Gnade, welche den Verlorengehenden zu Theil wird, ihrer Kraft und Absicht nach eine bekehrende Gnade ist. Wir lehren ferner: Wohl gibt es

eine Verstockung, aber wir wissen aus der Schrift, daß die
Verstockung nur da als Strafe eintritt, wo man sich der Gnade
Gottes beharrlich widersetzt, so daß gerade die Verstockung ein
Beweis dafür ist, daß Gottes allgemeine Gnade eine ernstlich
gemeinte sei. Wohl sehen wir ferner, daß viele Menschen zu
andern und selbst noch zu unsern Zeiten die Predigt des Evan=
geliums nicht haben. Aber auch das bewegt uns nicht, die
allgemeine ernstliche Gnade Gottes in Zweifel zu ziehen. Die
Schrift, welche uns bezeugt, daß Gott will, daß allen Menschen
geholfen werde und sie zur Erkenntniß der Wahrheit kommen —
die Schrift ist uns klarer als die Geschichte, deren Wege
uns Gott nicht aufgedeckt hat. Wir erwarten, daß wir im
ewigen Leben auch erkennen werden, wie Gott die ohne sein
Wort dahinlebenden Heiden, z. B. die Heiden im Innern
Afrikas, gerade so ernstlich selig machen wollte, als die Men=
schen, welche unter dem Schall des Evangeliums leben. In=
zwischen glauben wir es Ihm auf sein Wort hin. Wir
wollen mit jeder Theologie unverworren bleiben,
welche Gott in seinem Wort nur so weit glau=
ben und trauen will, als sie ihm die Richtigkeit
und Wahrhaftigkeit desselben nachrechnen kann.
Kurz, wir halten dafür, daß kein Mensch aus einem Mangel
der Gnade Gottes verloren geht. Es gibt keine Prädestination
zur Verdammniß und wir lehren sie nicht. Gottes Gnade in
Christo ist uns eine allgemeine und ernstliche Gnade. Daß man
uns eines Particularismus in der Lehre von der Gnade be=
schuldigt hat und noch beschuldigt, ist ein Werk des Vaters
der Lüge.

Aber es gibt eine Prädestination oder ewige Erwählung
zur Seligkeit, und die lehren wir. Ein so tiefes Schweigen
in der Schrift hinsichtlich einer Erwählung zur ewigen Ver=
dammniß herrscht, so klar ist in derselben eine Erwählung zur
ewigen Seligkeit bezeugt. Aus der Lehre vom Heilswege wissen
wir schon, daß die Menschen, so viele ihrer bekehrt und selig

werden, nicht aus irgend einem Verbienst ihrerseits, sondern
allein aus Gnaden um Christi willen auf den Heilsweg geführt
und auf demselben erhalten werden. Hierzu fügt die Heilige
Schrift nun noch die Offenbarung, daß Gott das, was er so
in der Zeit an jedem einzelnen der Seligwerdenden thut, schon
von Ewigkeit an jedem einzelnen derselben zu thun beschlossen
habe. Das ist die ewige Erwählung oder Präbestination zur
Seligkeit. Die Heilige Schrift führt die Berufung, die Be=
kehrung, die Rechtfertigung, die Heiligung, die Erhaltung der
Seligwerdenden auf ihre ewige Erwählung zu allen diesen
Stücken zurück. Man braucht nur die einfachen, klaren Worte
der Schrift zu hören, um das zu erkennen. So z. B. preist
St. Paulus Eph. 1, 3. die Gnabe, die den Kindern Gottes in
der Zeit wiberfahren ist: „Gelobet sei Gott und der Vater un=
sers HErrn JEsu Christi, der uns gesegnet hat mit allerlei geist=
lichem Segen in himmlischen Gütern durch Christum", und fügt
dann V. 4. hinzu: „Wie er uns denn erwählet hat durch den=
selbigen, ehe der Welt Grund gelegt war, daß wir sollten sein
heilig und unsträflich vor ihm in der Liebe; und hat uns ver=
ordnet zur Kindschaft gegen ihm selbst, durch JEsum Christ,
nach dem Wohlgefallen seines Willens, zu Lob seiner herrlichen
Gnabe, durch welche er uns hat angenehm gemacht in dem Ge=
liebten." 2 Tim. 1, 9. rühmt der Apostel im Namen aller
Kinder Gottes von Gott: „Der uns hat selig gemacht, und
berufen mit einem heiligen Ruf", und setzt hinzu: „Nicht nach
unsern Werken, sondern nach seinem Vorsatz und Gnabe, die
uns gegeben ist in Christo JEsu vor der Zeit der Welt." Un=
sere Concorbienformel drückt das bekanntlich so aus: „Daß
Gott eines jeden Christen Bekehrung, Gerechtigkeit und Selig=
keit so hoch ihm angelegen sein lassen, und es so treulich damit
gemeint, daß er, ehe der Welt Grund geleget, darüber Rath
gehalten und in seinem Vorsatz verordnet hat, wie er mich dazu
bringen und darinnen erhalten wolle." (Müller, S. 714.)
Das ist die ewige Erwählung der Kinder Gottes zur Seligkeit!

Was hat nun Gott dabei im Menschen angesehen, das ihn zu solcher Erwählung bewogen oder veranlaßt hätte? Nichts! Wie die Schrift ausdrücklich erklärt: „Nicht nach unsern Werken" — also auch nicht nach unserm guten „Verhalten" —, „sondern nach seinem Vorsatz und Gnade, die uns gegeben ist in Christo JEsu vor der Zeit der Welt." Daher denn auch unser Bekenntniß von dem Artikel von der ewigen Erwählung sagt, daß er „gar gewaltig" den Artikel bestätige, „daß wir ohne alle unsere Werke und Verdienst lauter aus Gnade allein um Christi willen gerecht und selig werden".

Wenn man uns nun fort und fort beschuldigt, daß wir mit unserer Lehre, Gott habe bei der Erwählung zur Seligkeit nichts im Menschen angesehen, einen neuen, einen zweiten Heilsweg für die Auserwählten aufrichteten, so kommt das daher, daß man auf Seiten des Widerparts den einen alten christlichen Heilsweg in der Lehre verlassen hat. Freilich, wer da lehrt, daß des Menschen Seligkeit im letzten Grund auf seiner freien eigenen Entscheidung beruhe, oder wer da sagt, daß des Menschen Bekehrung und Seligkeit nicht allein von Gottes Gnade, sondern in gewisser Hinsicht auch von dem Verhalten des Menschen abhänge, der ist so weit von dem einen christlichen Heilswege abgekommen, daß ihm derselbe, wenn Andere ihn lehren, nun ganz fremd und neu vorkommt. Aber wir unsern Theils sind aus der Schrift gewiß, daß wir uns mit unserer Lehre, Gott habe bei der ewigen Erwählung zur Seligkeit nichts im Menschen angesehen, auf dem einen christlichen Heilswege befinden, während unsere Gegner auf papistischem Gebiet sich angebaut haben. Wir wollen — dazu gebe uns Gott seine Gnade — nie auf dieses Gebiet, das wahrlich ein schlechter Wohnplatz für arme Sünder ist, übersiedeln, sondern vielmehr mit unserm Bekenntniß, einem synergistischen Geschlecht gegenüber, auch in der Lehre von der Erwählung bekennen: „Es ist falsch und unrecht, wenn gelehrt wird, daß nicht allein die Barmherzigkeit Gottes und das allerheiligste

Verdienst Christi, sondern auch in uns eine Ursache der Wahl
Gottes sei, um welcher willen Gott uns zum ewigen Leben er=
wählet hat." (Müller, S. 723.)

Daß hierbei manche Fragen für die menschliche Vernunft
ungelöst bleiben, namentlich auch die Frage: „Warum die einen
vor den andern, da alle von Natur in gleichem Verderben und
in der gleichen Schuld sind?" dessen sind wir uns wohl bewußt.
Aber die Kirche Gottes hat nicht die Aufgabe, die in geistlichen
Dingen vollkommen blinde menschliche Vernunft zu befriedigen,
sondern die, die sündigen Menschen durch die Verkündigung
der göttlichen Offenbarung selig zu machen. Die göttliche
Offenbarung geht aber, wie auch unser Bekenntniß bezeugt, nur
so weit: „Israel, daß du verdirbst, die Schuld ist dein; daß
dir aber geholfen wird, ist lauter meine Gnade." Bei dieser
alle christlichen Bedürfnisse befriedigenden Lehre wollen wir
durch Gottes Gnade bleiben.

Die Lehren von der Sünde und von der Gnade, näher be=
zeichnet, die Lehren von der Bekehrung, Rechtfertigung und
Gnadenwahl standen in den beiden letzten Jahrzehnten im Vor=
dergrund des kirchlichen Kampfes. Aber wir sind auch noch
fortwährend veranlaßt, die rechte Lehre von der Kirche
und was damit zusammenhängt, die Lehre, welche unsere Väter
in den beiden ersten Jahrzehnten ihres kirchlichen Wirkens vor=
nehmlich beschäftigte, zu bekennen.

Auch die rechte Lehre von der Kirche ist, wie alle Lehren
des Wortes Gottes, überaus einfach. Die Summa der
ganzen Lehre, die wir dem vielgestaltigen Irrthum gegenüber
festzuhalten haben, ist in der Antwort auf zwei Fragen ent=
halten. Es sind dies die Fragen: „Was ist die Kirche?" und
„Wen auf Erden hat Christus mit aller Kirchengewalt ur=
sprünglich belehnt?"

Was ist die Kirche? Die Kirche ist nicht mehr und
nicht weniger als die Gemeinde der Gläubigen. Die Kirche

ist nicht eine Summe von kirchlichen Ordnungen, Einrich=
tungen ꝛc., sondern die Summa der an Christum gläubigen
Menschen. Die Kirche ist nicht eine äußere Organisation,
eine „Anstalt", wie man sich heutzutage gern ausdrückt, in der
die Christen nur einen mehr oder minder wesentlichen Bestand=
theil bilden, ja, auch wohl ganz fehlen können, sondern die
Kirche ist die wunderbare, hier auf Erden den Menschenaugen
verdeckte Gemeinschaft der gläubigen Menschen. Wer unter
den Menschen — vom Aufgang der Sonne bis zu ihrem Nieder=
gang — durch Wirkung des Heiligen Geistes an Christum als
seinen Heiland glaubt, ist ein Glied der Kirche, wenn er auch
in manchen Stücken der christlichen Lehre aus Schwachheit
irren, in irrgläubiger äußerer Gemeinschaft sich befinden und
sehr gebrechlich im Leben sein sollte. Hingegen: Wer nicht an
Christum glaubt, gehört nicht zur Kirche, sondern ist im Reich
des Teufels, wenn er auch in allen Artikeln der Lehre die rechte
Kopferkenntniß haben und Consistorialrath oder auch summus
episcopus in der Kirche sein sollte. Wer Christi Geist nicht
hat, der ist nicht sein, und wenn er sonst alles haben sollte.
Wer nicht ein wiedergeborner Christ ist, ist nicht ein Glied der
Kirche, und wenn er sonst alles in Welt und Kirche sein sollte.
Die Kirche ist der geistliche Leib Christi; die Gesammt=
heit derer, welche durch Einwohnung des Heiligen Geistes im
Glauben an Christum mit geistlichem Leben erfüllt sind und
immer von neuem erfüllt werden.

Dies festzuhalten, ist von der äußersten Wichtigkeit. Daß
man diesen allein schriftgemäßen Begriff von der Kirche, der
früher auch den Kindern von sieben Jahren geläufig war, als
einen spiritualistischen aufgegeben und dafür den Begriff der
Kirche als einer äußeren Anstalt eingeführt hat, rächt sich als=
bald bitter. Da betont man nun anstatt der Einheit und Rein=
heit der Lehre die Aufrechterhaltung der äußeren kirchlichen
Sitte. Dann macht man den Christen nicht sowohl das Be=
kenntniß der Wahrheit als vielmehr die Erhaltung des äußeren

Kirchenfriedens zur Gewissenspflicht. Zum Bau der Kirche
als einer äußeren Anstalt kann man freilich den Arm der weltlichen Obrigkeit, den ganzen staatskirchlichen Apparat, äußeren
Zwang, menschliche Ordnungen, ja, auch wohl Fairs, Tea-
Parties, Oyster-Suppers 2c. verwenden. Wo man hingegen
festhält, daß die Kirche nicht mehr und nicht weniger ist, als
die geistliche Gemeinschaft der an Christum Glaubenden, daß
also die Kirche gebaut wird, wenn eine Seele an ihren Heiland
gläubig wird und die Glaubenden im Glauben befestigt werden, und daß die Kirche geschädigt wird, wenn der Glaube
an Christum gehindert oder geschädigt wird — ich sage, wo
man diese Erkenntniß festhält, da sieht man zuerst, zuletzt und
immer darauf, daß das Evangelium rein geprebigt
und die Sacramente recht verwaltet werden, als
wodurch allein der Glaube an Christum erzeugt und erhalten
wird. Da übt man Zucht in Lehre und Leben. Da tritt
man immerfort den Irrlehrern als den schlimmsten Feinden
der Kirche entgegen. Da ist man fleißig in der Ausbildung
von solchen Lehrern und Predigern, die Gottes Wort lauter
und rein lehren können. Da verachtet man zwar kirchliche
Ordnungen nicht, zumal solche getroffen werden müssen, wo
eine Anzahl Christen zusammenwohnen, legt ihnen aber nur
insofern Werth bei, als sie dem Laufe des Wortes dienen,
und ändert sie und schafft sie ab, sobald sie diesem Zweck
nicht mehr dienen oder ihm entgegen sind und somit den Bau
der Kirche, die da ist die Gemeinde der Gläubigen, hindern.
Und zuletzt — und das ist nicht das Unwichtigste —: wo man
festhält, daß die Kirche nicht eine äußere Anstalt, sondern die
Gemeinde der Gläubigen ist, da prüft sich jeder, der in der
äußeren Gemeinschaft der Kirche sich befindet, in seinem Käm-
merlein, ob er selbst auch im Glauben stehe und zu der Gemeinschaft der Gläubigen gehöre, außer welcher kein Heil ist, sinte-
mal geschrieben steht: „Wer an den Sohn glaubt, der hat das
ewige Leben, wer aber dem Sohne nicht glaubt, der wird das

Leben nicht sehen, sondern der Zorn Gottes bleibt über ihm."
Joh. 3, 36.

Die zweite Frage ist die: „Wen auf Erden hat Christus
mit der geistlichen Gewalt, die es in der Kirche gibt, z. B.
mit der Gewalt, Prediger zu berufen, die unbußfertigen Sünder
auszuschließen und die bußfertigen zu absolviren, Ordnungen
aufzurichten 2c., belehnt?" Ist es der Pabst? Sind es die soge=
nannten Bischöfe? Ist es der sogenannte Stand der Pastoren?
Sind es endlich gar die weltlichen Fürsten oder die weltliche
Obrigkeit? Nichts von alledem! Alle geistliche Gewalt in der
Kirche haben diejenigen, welche die Kirche sind, die Christen.
Die Christen sind durch den Glauben an Christum Gottes
Kinder und damit in das ganze geistliche Erbe eingesetzt.
Alles, was ungläubig ist, mag es äußerlich noch so hochgestellt
sein, sei es im Staat, sei es im äußeren Verbande der Kirche,
hat nicht geistliche Gewalt, weder viel noch wenig, sondern
Gottes Zorn und die ewige Verdammniß. Alles, was Chri=
stus erworben hat, hat und hält nur der Glaube. Der Glaube
hat alles, der Unglaube nichts.

Keine andern als die Gläubigen sind es, die die Schrift
als Inhaber der Schlüssel des Himmelreichs an den bekannten
Stellen Matth. 16. Matth. 18. Joh. 20 nennt. Allein die
Gläubigen sind es, zu denen St. Paulus spricht: „Alles ist
euer." 1 Cor. 3, 21. Sie, die Gläubigen, sind mit der Predigt
des Evangeliums ursprünglich beauftragt. Der Befehl:
„Gehet hin und lehret alle Völker und tauft sie im Namen des
Vaters und des Sohnes und des Heiligen Geistes, und lehret
sie halten alles, was ich euch befohlen habe", ist an alle Gläu=
bigen gerichtet, wie aus dem Zusatz hervorgeht: „Und siehe,
ich bin bei euch alle Tage, bis an der Welt Ende." Matth.
28, 19. 20. Sie, die Gläubigen, sind es daher, welche auf
Christi Befehl das von Christo geordnete Predigtamt unter sich
aufrichten, indem sie das Predigtamt tüchtigen Personen durch
Berufung übertragen. Sie sind es auch, die in christlicher

Freiheit nach Gelegenheit des Orts, der Zeit und der beson=
deren Umstände alle die Dinge ordnen, die Christus nicht selbst
bestimmt hat. Das ist die einfache und klare Lehre des Wortes Gottes und
unserer theuren lutherischen Kirche. Es ist eine Katechismus=
wahrheit. Daß man sie vergessen und einzelnen Personen in
der Kirche oder im Staat die geistliche Gewalt zugesprochen hat,
kommt daher, daß man überhaupt vergaß, was Christenthum
und ein Christ sei. Es kam und kommt daher, wie unsere
nun zumeist in Gott ruhenden Väter immer wieder betont
haben, daß man den Artikel von der Rechtfertigung
vergaß.

Wir wollen die köstliche Wahrheit, daß die Christen alle
geistliche Gewalt haben, festhalten. Wo sie in den Herzen lebt,
da wird man Gott recht danken für die wunderbare Hoheit
und Herrlichkeit, mit welcher er den vor der Welt verachteten
Christenstand bekleidet hat. Da wird man auch in der Er=
kenntniß, daß nicht bloß einzelne Personen in der Kirche, son=
dern alle Gläubigen, Mann für Mann, mit der Ausbreitung
des Evangeliums beauftragt sind, die Pflicht erkennen, daß alle
Christen für die Predigt des Evangeliums und alles, was dazu
gehört, z. B. für die Errichtung von Anstalten, Missionen ꝛc.,
zu sorgen haben. Da wird man ferner einerseits eifersüchtig
über die Christenrechte und die christliche Freiheit wachen, die
Christus nicht mit Gold oder Silber, sondern mit seinem Blut
erworben und dem Glauben geschenkt hat; denn Kirchenraub,
das ist, alles Thun, wodurch man der Gemeinde der Gläubigen
ihre Christenrechte nimmt oder beeinträchtigt, ist die schlimmste
und schädlichste Species von Raub. Andererseits aber wird
in allen Fällen, in welchen die christliche Freiheit nicht in Ge=
fahr kommt, bei den Christen unter der rechten evangelischen Er=
mahnung ein wahrer Wetteifer entstehen, um der Liebe willen
einander zu dienen, einander unterthan zu sein und sich in
einander zu schicken.

Doch wir haben Veranlassung, betreffs der Lehre von der Kirche noch auf einige Nebenfragen einzugehen. Wieviel Christen haben alle geistliche Gewalt? Ist es die Universalkirche? Ist es die Kirche eines ganzen Landes? oder doch eine ganze Synode? Es ist das eigentlich eine sonderbare Frage, da feststeht, daß die Gläubigen als Gläubige alles haben und daß es also nicht darauf ankommt, ob ihrer viel oder wenig sind. Aber die an sich sonderbare Frage müssen wir beantworten angesichts des Irrthums, der sich erhoben hat. Man hat nämlich entweder nur der Gesammtkirche oder doch nur der Kirche eines ganzen Landes oder Gebietes, oder doch nur einer ganzen Synode die Kirchengewalt zugestehen wollen. So hat denn auch Gott in seinem Wort uns diese Frage ganz ausdrücklich beantwortet. Christus nennt, Matth. 18, die Ortsgemeinde als die Gemeinde oder Kirche, welcher er die Schlüssel des Himmelreiches und damit alle geistliche Gewalt verliehen hat. „Wo zwei oder drei versammelt sind in meinem Namen, da bin ich mitten unter ihnen." Größere kirchliche Körperschaften, wie Synoden, haben nur so viel Gewalt, als ihnen von den Ortsgemeinden übertragen wird. Der Kirche eines Landes oder einer Synode den Ortsgemeinden gegenüber eine Ueberordnung nach göttlichem Rechte zuzusprechen, ist ein Grundsatz von der furchtbarsten Tragweite. Es ist der Grundsatz, auf den das Pabstthum gegründet ist. Wie das öffentliche Predigtamt das einzige von Gott gestiftete Amt in der Kirche ist, so ist auch die um dieses Predigtamt sich sammelnde Ortsgemeinde die einzige von Gott gestiftete äußere Gemeinschaft. Die Verbindung, in welche die Gemeinden eines Landes oder mehrerer Länder mit einander treten, sind nur menschliche Ordnung.

Man hat freilich neuerdings wieder die Ortsgemeinde eine „unbestimmte Größe" genannt. Aber es geht hier nicht nach menschlichem Sagen und Meinen, sondern nach dem Worte Gottes. Gottes Wort aber redet nicht nur von der Gesammt-

kirche, sondern auch von Ortskirchen. Wenn die Schrift
z. B. sagt, daß Gott, der Vater, Christum gesetzt habe „zum
Haupt der Gemeinde über alles, welche da ist sein Leib",
so redet sie allerdings von der Gesammtkirche, das heißt, von
der Gesammtheit der Gläubigen vom Aufgang der Sonne bis
zu ihrem Niedergang. Aber die Heilige Schrift redet auch von
Kirchen oder Gemeinden in der Mehrzahl. Sie redet z. B. von
den Kirchen in Asien, 1 Cor. 16, 19.; von den Gemeinden
in Macedonien, 2 Cor. 8, 1.; von der Gemeinde Gottes zu
Corinth, 1 Cor. 1, 2.; von der Gemeinde zu Jerusalem, Apost.
8, 1. Matth. 18, 17. lesen wir: „Sage es der Gemeinde."
An all diesen Stellen ist von Ortsgemeinden oder Partikular=
kirchen die Rede. Wir reden also mit der Schrift, wenn wir von
Ortsgemeinden reden. Und gerade der Ortsgemeinde
spricht die Schrift die Schlüssel des Himmel=
reichs und alles, was damit zusammenhängt, zu.
Matth. 18, 17. 18. Die erste kirchliche Wahl, von der uns die
Apostelgeschichte berichtet, ist eine von der Ortsgemeinde vor=
genommene Wahl. Apost. 6, 5. Die Ortsgemeinden wählen
auf Veranlassung der Apostel Aelteste, das heißt, Pastoren.
Apost. 14, 23. Die Ortsgemeinde erhielt den Auftrag, die
Bösen von sich hinauszuthun, 1 Cor. 5, 13., und die Buß=
fertigen wieder zu absolviren. 2 Cor. 2, 6. ff. Die Orts=
gemeinde wird von dem Apostel daran erinnert, daß sie darauf
sehe, daß das öffentliche Predigtamt in ihrer Mitte recht ver=
waltet werde. Col. 4, 17.

In welchem Verhältniß stehen denn nun Gesammtkirche und
Ortskirchen zu einander? Die Summa der Ortskirchen unter
Hinzunahme der einzelnen Seelen, welche von aller äußeren
Gemeinschaft mit Ortskirchen abgeschnitten sind, sind die Ge=
sammtkirche. Auch die Ortsgemeinde besteht nicht aus Gläu=
bigen und Heuchlern, sondern nur aus Gläubigen. Die Heuch=
ler sind den Ortsgemeinden nur der äußeren Gemeinschaft nach
beigemischt.

Dieß lehrt die Heilige Schrift so klar wie möglich. St. Pau=
lus nennt die Ortsgemeinde zu Corinth „die Gemeinde Gottes
zu Corinth, die Geheiligten in Christo JEsu", 1 Cor.
1, 2., und die Ortsgemeinde zu Rom „die Geliebten Gottes
und berufenen Heiligen". Röm. 1, 7. Dr. Walther be=
findet sich daher in völliger Uebereinstimmung mit der Schrift,
wenn er eine evangelisch=lutherische Ortsgemeinde so definirt:
„Eine evangelisch=lutherische Ortsgemeinde ist eine Versamm=
lung gläubiger Christen an einem bestimmten Ort, bei
welchen Gottes Wort rein geprebigt und die heiligen Sacra=
mente nach Christi Einsetzung laut des Evangeliums gereicht
werden." Die Heuchler, wie sie nicht Glieder der Gesammt=
kirche, der einen heiligen christlichen Kirche sind, so sind sie
auch nicht Glieder der Ortskirche, sondern dieser nur nach der
äußeren, sichtbaren Gemeinschaft beigemischt. Darauf gründet
sich unsere Praxis, nur diejenigen in die Ortsgemeinde auf=
zunehmen, die wir der Liebe nach für Christen halten können,
und diejenigen auszuschließen, deren Unglaube offenbar gewor=
ben ist. Die der Ortsgemeinde beigemischten Heuchler werden
auch, wenn sie nicht Buße thun, nicht selig, sondern verdammt.
Auch nicht ihnen, sondern allein den wahrhaft Gläubigen ge=
hören die geistlichen Rechte, mit welchen Christus die Orts=
gemeinde belehnt hat. Was die der Ortsgemeinde beigemisch=
ten Heuchler in der Ordnung Christi recht handeln, thun sie
im Namen der wahrhaft gläubigen Kinder Gottes, die die Ge=
meinde bilden.

Es ist viel über sichtbare und unsichtbare Kirche
verhandelt und geschrieben worden. Wir lehren: weil die
Kirche nichts anderes ist, als die Gemeinde der Gläubigen,
wie unser Bekenntniß auf Grund der Schrift es ausdrückt,
und allein Gott, der Herzenskündiger, diejenigen kennt, welche
wahrhaft glauben, so ist und bleibt die Kirche in diesem Leben
unsichtbar. Wenn man die Kirche theils unsichtbar, theils
sichtbar genannt hat, so liegt dem entweder ein falscher Be=

griff von „Kirche" zu Grunde, indem man unter Kirche nicht
die Summa der gläubigen Menschen, sondern eine Summa
von äußeren, kirchlichen Ordnungen versteht, oder man be=
findet sich in einer geistigen Verwirrung, indem man das, was
mit der Kirche verbunden ist — sei es nothwendig, sei
es zufällig — mit der Kirche selbst verwechselt. So hat man
der Kirche eine „sichtbare Seite" zuschreiben wollen, weil das
Wort Gottes und die Sacramente hör= und sichtbar seien.
Nun ist es freilich wahr: das Wort Gottes und die Sacra=
mente sind nothwendig mit der Kirche verbunden. Sie sind ja
die Gnadenmittel, durch welche die Kirche gezeugt und erhalten
wird. Das Wort Gottes und die Sacramente sind daher auch
die Kennzeichen der Kirche. Wir suchen das Weizenfeld da,
wo der Weizen gesäet ist. So suchen wir die Kirche, die Ge=
meinde der Gläubigen, da, wo der Same der Kirche ist, die
Gnadenmittel, durch welche Kinder Gottes geboren und genährt
werden. Und daß wir da, wo das Wort Gottes eine Stätte
gefunden hat, nicht vergeblich nach Kindern Gottes suchen,
wissen wir aus der Verheißung Gottes, daß sein Wort nicht
leer zurückkommen, sondern ausrichten soll, wozu es gesandt ist.
Aber so wenig wir die Luft und das tägliche Brod einen Theil
oder eine Seite des Menschen nennen, wiewohl der Mensch
ohne diese Dinge nicht leben kann, so wenig nennen wir die
Gnadenmittel einen Theil oder die sichtbare Seite der Kirche.
Die Kirche ist nichts anderes als die Gemeinde der Gläubigen.
Damit „verflüchtigen" wir die Kirche nicht, wie man uns vor=
wirft, sondern lassen sie in ihrer ganzen Gottesgröße und ver=
deckten Herrlichkeit stehen. Wir sehen sie zwar nicht, aber
wir glauben sie, auf Grund des Wortes Gottes. Wir wissen
auch gewiß, daß sie die allerrealste Macht in dieser Welt ist,
um die sich alles dreht. Wir wissen, daß die ganze Welt und
alles, was darinnen ist, nur ein Gerüst zum Bau der Kirche ist.
Wir wissen, daß die Kirche, trotz ihrer Unsichtbarkeit, das fest=
gefügte Gebäude ist, gegen das nicht nur die Menschen, son=

dern auch alle Teufel vergeblich anstürmen. Die sichtbaren Einrichtungen, auch die mächtigsten irdischen Reiche, sind gekommen und vergangen. Die Kirche ist geblieben — dieselbe geblieben — unter allem Wechsel und Vergehen der irdischen Reiche, und sie wird bleiben bis an den jüngsten Tag. Und wenn wir auf des HErrn der Kirche Befehl mit dem Evangelium ausgehen zum Bau der Kirche, so wissen wir, daß wir nicht in die Luft hineinbauen, sondern einen Stein nach dem andern in den wunderbaren Bau der Kirche einfügen. Und wenn der Bau vollendet, wenn die letzte Seele bekehrt ist, dann wird der HErr der Kirche sichtbar wiederkommen und die Decke, die die Gottesstadt unserm leiblichen Auge hier verhüllt hat, wegziehen, und wir werden die Gottesstadt dann auch schauen in ihrer vollendeten Schöne und Herrlichkeit. Inzwischen glauben wir, was wir später schauen werden.

Doch können wir denn gar nicht von sichtbaren Kirchengemeinschaften hier auf Erden reden? Wir können nicht nur, sondern müssen auch so reden. Die Christen eines Orts sollen nicht jeder für sich allein stehen bleiben, sondern auch in äußere Gemeinschaft mit einander treten. Sie sollen das öffentliche Predigtamt unter sich aufrichten und sich in sichtbarer Gemeinschaft um dasselbe schaaren. Wer sich hier beharrlich unsichtbar machen, das heißt, nicht in die äußere Gemeinschaft der Ortsgemeinde eintreten will, offenbart damit, daß er nicht zur Kirche, das heißt, nicht zur Gemeinde der Gläubigen, gehört. Der äußere Zusammenschluß der Christen zur Ortsgemeinde ist göttliche Ordnung. Zu größeren kirchlichen Gemeinschaften, z. B. zu Synoden, mögen sich die Christen in christlicher Freiheit verbinden; zu Ortsgemeinden müssen sie sich nach göttlicher Ordnung zusammenschließen. So reden wir mit Recht auch von sichtbaren Kirchengemeinschaften.

Da habt ihr — so ruft man uns zu — also doch zwei Kirchen, eine sichtbare und eine unsichtbare. Durchaus nicht! Wir behalten eine Kirche. Weil wir Menschen einander nicht

3

ins Herz sehen können noch sollen, so halten wir, der Liebe
nach, alle diejenigen für Glieder der Gemeinde, welche mit
uns den wahren Glauben bekennen und das Bekenntniß des
Mundes nicht durch ihren Wandel wieder zurücknehmen. Uns
bleibt dabei aber bewußt, daß vor Gott nur die Glieder der
Kirche sind, in deren Herzen auch wirklich der Glaube wohnt,
den der Mund bekennt.

Von der größten Wichtigkeit ist nun ferner die Unterschei=
dung von rechtgläubigen und irrgläubigen Kirchen=
gemeinschaften. Die Christen sollen, wie bereits erwähnt
worden ist, auch in äußere Gemeinschaft mit einander treten.
Sie sollen das öffentliche Predigtamt unter sich aufrichten und
als Gemeinschaft andere von Christo ihnen befohlene Werke ver=
richten. Welcher Art soll diese äußere Gemeinschaft sein, wenn
man auf die bekannte und verkündigte Lehre sieht? Alle Christen
haben Befehl, sich nur um die rechte Lehre des Wortes Got=
tes zu schaaren und alle falschen Lehren und Lehrer zu meiden.
Eine Gemeinschaft nun, in welcher, dem Befehl Christi gemäß,
das Evangelium rein gelehrt und die Sacramente der Ein=
setzung Christi gemäß verwaltet werden, ist eine Gemeinschaft,
wie Gott sie haben will. Das ist eine rechtgläubige Kirche.
Leider aber kommen nicht alle Christen dem Befehle Christi
nach, sondern halten sich aus Schwachheit zu solchen Lehrern,
die nebenher falsche Lehren einführen. So entstehen und be=
stehen irrgläubige Kirchen. Irrgläubige Kirchen sind solche,
in welchen zwar noch wesentliche Stücke des Wortes Gottes
gelehrt, daneben aber auch Irrthümer verkündigt werden. Man
spottet freilich in unserer Zeit vielfach über die scharfe Unter=
scheidung zwischen rechtgläubiger und irrgläubiger Kirche. Man
führt zum Theil sehr lose Reden über die „reine Lehre" und
erklärt es für anmaßend, wenn eine Kirchengemeinschaft ent=
schieden behauptet, die reine Lehre zu haben, und sich eine in
allen Stücken rechtgläubige Kirchengemeinschaft nennt. Ja,
man redet so, als ob die verschiedenen Kirchengemeinschaften

mit den verschiedenen Lehren etwas von Gott Gewolltes seien. Das ist große Blindheit! Nach der Heiligen Schrift ist nur die eine, reine, in der Heiligen Schrift geoffenbarte Lehre in der Kirche berechtigt. Es ist keinem Lehrer erlaubt, irgend etwas anderes als Gottes reines Wort in der Kirche zu leh= ren, und es ist keinem Christen erlaubt, sich zu andern Lehrern zu halten als solchen, die in allen Stücken bei Gottes Wort bleiben. Wenn es dennoch thatsächlich solche Lehrer und Ge= meinschaften gibt, welche Irrthümer in der Lehre auf ihre Fahne geschrieben haben, so existiren diese Gemeinschaften nur unter Gottes Zulassung, nicht nach Gottes Willen. Gott will nur eine rechtgläubige Kirche auf Erden haben. Secten existiren unter Gottes Zulassung. Sie sind nicht dazu da, daß man sich ihnen anschließe, sondern dazu, daß man sie meide. „Sehet auf die", ermahnt der Apostel Röm. 16, 17., „die da Zertrennung und Aergerniß anrichten neben der Lehre, die ihr gelernt habt, und weichet von denselbigen." Wir wollen uns den Unterschied zwischen rechtgläubiger und irr= gläubiger Kirche nicht verwischen lassen.

Noch ein Doppeltes ist hier festzuhalten. Erstens: Wir müssen bei dem rechten Begriff von rechtgläubiger Kirchen= gemeinschaft bleiben. Man nennt nämlich nach dem unter den Secten herrschenden Sprachgebrauch vielfach die Kirchen orthodox, welche dem allgemeinen Umsturz gegenüber noch an gewissen Hauptwahrheiten festhalten, aber dabei andere klar in der Schrift geoffenbarte Wahrheiten dem menschlichen Belieben anheimgeben. Wir dagegen nennen die Kirchengemeinschaften orthodox oder rechtgläubig, welche die ganze in der Heiligen Schrift geoffenbarte heilsame Lehre annehmen und bekennen. Solche Kirchengemeinschaften sind möglich, weil Gottes Wort in Bezug auf alle Artikel völlig klar und auch den Einfältigen — und sonderlich ihnen — verständlich ist. Zweitens halten wir fest, daß die thatsächlich im Schwange gehende, nicht die bloß „officiell anerkannte" Lehre über den Character einer

Kirchengemeinschaft entscheide. Christus will sein Wort nicht bloß officiell, etwa durch ein im Archiv liegendes Document, anerkannt, sondern vor allen Dingen thatsächlich verkündigt haben. Nur durch die thatsächlich verkündigte rechte Lehre wird dem Reiche des Teufels Abbruch gethan und das Reich Christi gebaut. Daher dürfen wir nicht müde werden, unsere angehenden Prediger so zu schulen, daß jeder von ihnen im Stande ist, die rechte Lehre in allen Stücken vorzutragen. Auch dürfen wir nicht nachlassen, über die reine Lehre bei denen zu wachen, die bereits im Amte stehen. Auch dürfen wir uns die Mühe nicht verdrießen lassen, alle Synodalpubli= cationen aufs Strengste in Bezug auf ihre Rechtgläubigkeit zu censiren. Die reine Lehre, die von einem indifferentistischen Zeitalter viel verspottete, will Gott haben, und sie ist der größte Schmuck einer Kirchengemeinschaft und das größte Gut für einen Ort und für ein ganzes Land.

Noch über einige Stücke, welche mit der Lehre von der Kirche zusammenhängen, mag hier ein kurzes Bekenntniß un= sers Glaubens folgen.

Wir verwerfen den Chiliasmus. Unter Chiliasmus verstehen wir die Lehre, nach welcher noch ein herrlicher Zu= stand der Kirche hier auf Erden in einem tausendjährigen Reiche zukünftig sein soll. Diese Lehre verwerfen wir als falsch, denn sie steht in directem Widerspruch mit vielen ge= offenbarten Wahrheiten, insonderheit mit den Schriftstellen, welche sagen, daß die Kirche hier auf Erden bis zum Ende, und je näher dem Ende desto mehr, dem Kreuze unterworfen sein werde. Wir müssen durch viel Trübsal in das Reich Gottes eingehen. Etwas anderes ist den Christen, auf die äußere Lage gesehen, nicht verheißen. Wenn des Menschen Sohn kommen wird, meinst du, daß er auch werde Glauben finden auf Erden? — das ist die Signatur der Kirche der letzten Zeit. Wir verwerfen den Chiliasmus auch als eine gefährliche Lehre, weil er den Christen das Ziel verrückt

und ihre Hoffnung verkehrt. Er verleitet die Christen, ihre
Hoffnung, anstatt allein auf die Herrlichkeit im Himmel, auf
eine erträumte Herrlichkeit hier auf Erden zu richten. Wir
behandeln daher auch den Chiliasmus nicht als „offene Frage".
Wir gestehen ihm keinerlei Berechtigung zu, sondern betonen,
daß alle einzelnen Christen, Gemeinden und Kirchengemein=
schaften die Pflicht haben, den Chiliasmus zu verwerfen.

Auch vom Antichrist glauben wir nicht, daß er noch zu=
künftig sei, sondern halten dafür, daß er im römischen Pabst=
thum groß und breit vor unsern Augen stehe und daß es ein
sonderlicher Betrug des Teufels sei, daß so viele Christen, die
doch um das Pabstthum und sein Wesen wissen, dasselbe den=
noch nicht als den in der Schrift (sonderlich an der Stelle
2 Thess. 2) geweissagten Antichristen erkennen. Wir bekennen
mit der Kirche der Reformation, daß das Pabstthum sei „der
rechte Endechrist oder Widerchrist" (ipsum verum antichri-
stum), weil „sich alle Untugenden, so in der Heiligen Schrift
vom Antichrist sind geweissagt, mit des Pabstes Reich und
seinen Gliedern reimen".

Die Heilige Schrift redet einmal von v i e l e n Wider=
christen, 1 Joh. 2, 18.: „Nun sind viele Widerchristen worden."
Damit bezeichnet sie a l l e falschen Lehrer. Alle falschen Lehrer
sind thatsächlich Widerchristen. Christus will, daß allein s e i n
Wort in der Kirche verkündigt werde und er somit allein in der
Kirche regiere. Die falschen Lehrer aber, welche anstatt Christi
Wort ihr eigenes Wort verkündigen, setzen sich in der Kirche
thatsächlich an Christi Stelle und wider ihn; sie suchen, indem
sie ihre eigene Lehre führen, ihre eigene Autorität wider Christi
Autorität aufzurichten. Auch dieses Schriftwort von den vielen
Widerchristen wollen wir stets wohl beherzigen, damit wir nicht
vergessen, was für ein Greuel falsche Lehre sei. Alle falsche
Lehre in der Kirche ist Empörung wider die Autorität Christi.

Aber darüber vergessen wir nicht, daß die Schrift noch von
e i n e m Antichristen redet, in welchem der Greuel aller falschen

Lehre zur Vollendung kommt, und dessen Zukunft durch sonder=
liche Wirkung des Satans geschieht. Dieser ein e Antichrist
war zur Zeit der Apostel noch zukünftig, aber sonderlich
St. Paulus hat ihn schon 2 Theff. 2 beschrieben. Und er ist
im Pabstthum gekommen und durch die Reformation offenbar
geworden.

Freilich dieses Bekenntniß verdenken uns nicht nur die
Papisten. Es ist auch den modernen Theologen nicht recht.
Aber es kommt das daher, daß man von den Grundwahrheiten
des Christenthums entweder gänzlich abgefallen ist oder doch
nur eine unklare und mangelhafte Erkenntniß derselben besitzt.
Nur zwei Katechismuswahrheiten braucht man klar zu erkennen,
um überzeugt zu werden, daß das Pabstthum das wahre Anti=
christenthum sei, und daß es keinen größeren Feind der christ=
lichen Kirche geben könne als das Pabstthum. Es sind dies
die beiden Wahrheiten: 1) die christliche Kirche ist die Ge=
meinschaft derer, welche glauben, daß sie allein aus Gnaden
um Christi willen durch den Glauben und nicht durch ihre eige=
nen Werke gerecht und selig werden, und 2) die christliche Kirche
ist nur Christo und seinem Worte und keinem Menschen und
dessen Wort unterworfen. Vergegenwärtigen wir uns kurz die
Bedeutung dieser Katechismuswahrheiten und halten wir dann
das Wesen und die Ansprüche des Pabstthums dagegen.

Worin besteht eigentlich das innere Leben eines jeden ein=
zelnen Christen und der ganzen christlichen Kirche? Was ist
der eigentliche Pulsschlag des geistlichen Lebens aller derer,
die Christen sind? Der Glaube, daß sie durch Christum allein,
und nicht durch eigene Werke, Vergebung der Sünden haben.
Dieser Glaube macht das eigentliche Wesen des geistlichen
Lebens eines Christen aus. Was für einen Fisch das Wasser
und für das natürliche Leben des Menschen die Luft ist, näm=
lich das Lebenselement, das ist für den Christen der Glaube,
daß er durch Christum allein Vergebung aller Sünden habe
und bei Gott in Gnaden sei. Wer dem Christen nicht diesen

Glauben laſſen will, der greift ihm ans Leben. Wer am mei=
ſten dieſen Glauben gefährdet und angreift, der ſchadet der
Kirche am meiſten. Wer iſt demnach der größte Feind der
Kirche, wenn wir uns unter den Feinden derſelben umſehen?
Sind's Nero, Decius und ihresgleichen, die tauſende von Chri=
ſten grauſam hingeſchlachtet haben? O nein! Dabei können
die Chriſten im Glauben bleiben, Chriſto auf den Marterſtätten
Loblieder ſingen und in den Himmel eingehen. Aber wenn
jemand ihnen Chriſtum aus dem Herzen nimmt, dann geht's
ihnen wahrhaft ans Leben, nämlich an das geiſtliche und ewige
Leben. Und das thut das Pabſtthum.

Das Pabſtthum verflucht die Lehre von der Rechtfertigung,
die Lehre, daß der Sünder allein aus Gottes Gnaden um Chriſti
willen gerecht und ſelig werde, und die ganze große Maſchinerie
des Pabſtthums hat den Zweck, der Werklehre zu bienen und
Chriſtum als den einigen Sünderheiland aus den Menſchen=
herzen zu reißen. Und dieſen Chriſtenmord treibt es nicht offen,
wie die ausgeſprochenen Ungläubigen, vor denen ſich die Chri=
ſten von vorneherein hüten, ſondern unter dem Schein der
exquiſiten Chriſtlichkeit und Heiligkeit. Es lockt die Völker
an ſich unter dem Vorgeben, die alleinſeligmachende Kirche zu
ſein, um dann alle, die dem Rufe folgen, nicht zum Vertrauen
auf Chriſtum, als den einigen Heiland, ſondern auf den Weg
der Werke und ſomit in die Verdammniß zu führen. Rom
treibt unter dem durch allerlei lügenhafte Kräfte, Zeichen und
Wunder unterſtützten Schein, daß es die alleinſeligmachende
Kirche ſei, den Chriſtenmord in großem Maßſtabe. Es führt
immerfort Millionen unter dem Vorgeben, ſie zum Leben zu
führen, zur Hölle. Rom iſt der größte Feind der Kirche, das
Antichriſtenthum. Zugleich leuchtet auch ein, warum man dies,
das die Kirche der Reformation mit Einem Munde bekannte,
nicht erkennt. Der größte Theil der ſogenannten proteſtan=
tiſchen Kirche iſt von dem Artikel von der Rechtfertigung ab=
gefallen. Man lehrt, theils grob, theils feiner, den Weg der

Werke als den Weg der Seligkeit. Die große Masse der so=
genannten protestantischen Christenheit ist in Bezug auf die
Lehre vom Wege der Seligkeit auf das papistische Gebiet über=
getreten. Das ist gerade auch bei den Synergisten innerhalb
der lutherischen Kirche der Fall. Daß wir und alle, die auf
unserer Seite stehen, wiederum mit Einem Munde wie die
Kirche der Reformation bekennen, daß das Pabstthum der
große Antichrist sei, kommt daher, daß wir durch Gottes Gnade
in der rechten Erkenntniß der Lehre von der Rechtfertigung
stehen. Wer Christum recht erkennt, kann auch den Antichrist
erkennen. Und Christus wird nur dann recht erkannt, wenn
erkannt wird, daß n i c h t s i n u n s, wie es auch Namen haben
möge, sondern a l l e i n G o t t e s G n a d e i n C h r i s t o der
Grund unserer Seligkeit sei.

Die andere Katechismuswahrheit, durch deren rechte Be=
herzigung das Pabstthum als der rechte Antichrist erkannt wird,
ist die, daß die christliche Kirche n u r C h r i s t o u n d b e s s e n
W o r t u n d k e i n e m M e n s c h e n u n d b e s s e n W o r t
u n t e r w o r f e n s e i. Christus allein will durch sein Wort in
den Herzen und Gewissen der Christen herrschen. Diese Prä=
rogative nimmt er für sich in Anspruch. Unter den Christen
soll keiner über den andern herrschen, sondern dieselben sind
als Brüder einander nebengeordnet. „Einer ist euer Meister,
Christus, ihr aber seid alle Brüder.“ Nun aber kommt der
Pabst und schafft zunächst Christi Wort dadurch praktisch bei=
seite, daß er die Bibel für dunkel erklärt und obendrein noch
das allgemeine Lesen derselben verbietet. Er selbst aber tritt
mit dem Anspruch auf, der Oberste der Christen zu sein, dem
sich alle untergeben müssen, die selig werden wollen. Unter
dem ungeheuerlichen Vorgeben, der unfehlbare Stellvertreter
Christi auf Erden zu sein, ändert er Christi Wort und Gebote
seines Gefallens. Unter dem Vorgeben, Christum auf Erden
zu vertreten, richtet er seine eigene Herrschaft auf und macht
von der Unterwerfung unter diese Herrschaft die Seligkeit ab=

hängig. Was für ein Greuel dies sei, ist gar nicht auszu-
sagen. Daß man in unserer Zeit in der protestantischen Christenheit im Allgemeinen kein Gefühl für diesen Greuel hat und
an demselben das Pabstthum nicht als den Antichrist erkennt,
kommt daher, daß man auch in diesem Stück selbst auf römi-
sches Gebiet übergetreten ist. Man räumt entweder ausdrücklich in der Lehre oder doch thatsächlich Landesfürsten, Con-
sistorien, Pastoren 2c. eine Herrschaft über die Christen als
Christen ein. Wie man den Artikel von der Rechtfertigung
preisgegeben hat, so auch den Artikel von der Freiheit eines
Christenmenschen, den Artikel, daß der Christ als Christ allein
Gottes Wort unterworfen und von aller Menschenherrschaft
frei sei. Wir erkennen durch Gottes Gnade auch wieder den
Artikel von der christlichen Freiheit und sind darum auch im
innersten Herzen entsetzt ob des Greuels des Pabstthums.

Das Pabstthum macht sich ja auch in America breit. Sonderlich auch in letzter Zeit treten seine Bestrebungen, hier die
Herrschaft zu erlangen, klarer hervor denn je. Und die meisten
Protestanten sind auch hierzulande blind in Bezug auf das
Pabstthum. So haben wir die Pflicht, der Kirche, so viel an
uns ist, die Augen über den eigentlichen Charakter des Pabstthums zu öffnen.

So haltet ihr — ruft man uns zu — die Lehre, daß der
Pabst zu Rom der Antichrist sei, für einen Fundamentalartikel!
Durchaus nicht! Wir halten dafür, daß man allein durch das
Erkennen Christi, und nicht durch das Erkennen des Antichrists,
selig wird. Aber zugleich halten wir dafür, daß das schlechte
Theologen sind, die um des Pabstes Lehre und Praxis wissen
und ihn daran doch nicht als den Antichrist erkennen. Auch
halten wir dafür, daß die Pastoren ihrer Pflicht, die ihnen be-
fohlenen Seelen vor den Greueln und der Verführung des
Pabstthums zu warnen, nicht recht nachkommen können, wenn
sie selber das Pabstthum nicht als das Antichristenthum erkannt
haben.

Unsere Praxis.

Zunächst einige Worte über das Verhältniß von Lehre und Praxis im Allgemeinen.

Bloße Lehre gibt es in der christlichen Kirche gar nicht, sondern alle Lehre soll auch in die Praxis übergeführt werden. Die christliche Kirche ist nicht eine Philosophenschule, wo nur docirt wird, sondern eine Gemeinschaft von Leuten, welche im Glauben an das Evangelium und unter Kreuzigung des Fleisches den Weg zum ewigen Leben wandern und Andere auf diesen Weg zu führen den Beruf haben. Freilich wird in der christlichen Kirche auch gelehrt, und zwar zuerst gelehrt und immer mit Lehren fortgefahren. Die Lehre ist die Grundlage für alles Thun der Kirche. Aber das Lehren ist nicht der Endzweck, sondern nur Mittel zum Endzweck. Denn dem in der Kirche verkündigten Wort Gottes soll auch, je nach der Art des Wortes, Folge gegeben werden. Das Evangelium soll von den Einzelnen im Glauben angenommen und festgehalten werden, und auch das Gesetz soll seinen dreifachen Usus bei den einzelnen Hörern haben. Und zwar soll da nicht bloß jeder selbst zusehen, daß er dem Worte Gottes Folge gebe, sondern die Christen sollen, nach Gottes Ordnung, hierin einander hülfreiche Hand leisten; jeder soll des Bruders Hüter sein. Und insonderheit hat der Pastor von Amtswegen darauf zu sehen, daß das Wort Gottes nicht bloß gehört, sondern von der ganzen Gemeinde und den einzenen Gliedern in die Praxis übergeführt werde. Kurz, weil nur der Mensch selig wird, der das Evangelium von Herzen glaubt und nicht wieder durch ein Leben in der Sünde den Glauben austreibt, so hat man in der Kirche — jeder an seinem Theil und in der göttlichen Ordnung — darauf zu sehen, daß dem Worte Gottes Folge gegeben werde. In der Kirche ist nichts bloße Theorie. Die Kirche ist das allerpraktischste Institut in der Welt.

So halten wir zuerst fest, daß in der Kirche Zucht in Lehre und Leben geübt werden soll. Freilich gehört diese Zucht nicht zum Wesen der Kirche. Auch dort, wo die Zucht in der Lehre darnieder liegt, so daß jeder so ziemlich lehren und glauben kann, was ihm beliebt — auch da gibt es noch wahre Kinder Gottes, wenn daselbst noch wesentliche Stücke des Wortes Gottes gelehrt werden. Auch dort, wo die Zucht im Leben gänzlich fehlt, wo sich bei Sündenfällen kein Bruder des andern in herzlichem Erbarmen mit brüderlicher Bestrafung annimmt und auch der Pastor seiner Seelsorgerpflicht gegen die Einzelnen nicht nachkommt, auch da weiß Gott sich einzelne Seelen auf dem Wege des Lebens zu erhalten und auf denselben zurückzuführen, wenn daselbst Gottes Wort noch nicht ganz vom Plan verschwunden ist. Aber wo es so zugeht, da hat die Kirche nicht die rechte von Gott gewollte äußere Gestalt. Nach Gottes in der Heiligen Schrift klar geoffenbartem Willen soll die Kirche die äußere Gestalt haben, daß in ihr nur Gottes reines Wort verkündigt und auf einen den Christen geziemenden Wandel gesehen werde. Und dieser äußere Stand der Kirche soll, wenn er in Gefahr kommt, durch Anwendung von Zucht in Lehre und Leben erhalten werden. Daß die Zucht in der Lehre an erster Stelle stehen bleiben muß, ist selbstverständlich, da die rechte Lehre die Grundlage von allem ist, oder — um mit Luther zu reden — da, „wo die Lehre falsch ist, auch dem Leben nicht geholfen werden kann". Daß aber auch die Zucht im Leben nicht vernachlässigt werden soll, geht daraus hervor, daß alle, welche in Todsünden liegen bleiben, keine Hoffnung auf das ewige Leben haben. Wie nun die Zucht in der Kirche geübt werden soll und wie sorgsam man da zwischen Schwachheitssünden und Todsünden 2c. unterscheiden muß, damit nicht — wie der selige Dr. Walther es ausdrückt — „die Kirchenzucht überspannt, und das ganze christliche Gemeindeleben wider das Evangelium in ein Leben unter steter Kirchenzucht, also unter dem Ge-

ſeß, verwandelt wird" — das näher auszuführen, iſt hier nicht
der Ort. Nur an das Eine möchte ich kurz erinnern: Eine des
Geiſtes der brüderlichen Liebe ermangelnde, bloß äußerlich und
geſetzlich gehandhabte Kirchenzucht iſt Gift und Tod für die
Einzelnen und für die ganze Gemeinde und vor Gott das
größte Unrecht; eine in herzlichem Erbarmen und wahrhaft
evangeliſch gehandhabte Zucht iſt geiſtliche Medicin und eins
der vorzüglichſten Stücke der chriſtlichen Lebensgerechtigkeit.
„Laß alle Mönche und heilige Orden" — ſagt Luther — „zu
Haufe geſchmelzt herfürtreten, ob ſie den Ruhm können auf=
bringen, daß ſie einen Bruder gewonnen haben." Doch ich
muß von dieſem Punkte abbrechen, um noch auf einige einzelne
Punkte der kirchlichen Praxis kurz hinweiſen zu können.

Zunächſt ein Punkt, der unſere Stellung nach außen be=
trifft. Es wird uns fortwährend ſehr verdacht, daß wir
kirchliche Gemeinſchaft nur mit denen pflegen,
welche mit uns die rechte Lehre in allen Artikeln
des Glaubens bekennen. Daß wir nicht Methodiſten,
Baptiſten, Unirte ꝛc., ſondern nur rechtgläubige Lutheraner
auf unſere Kanzeln und zu unſern Altären laſſen, befremdet
faſt die ganze proteſtantiſche Chriſtenheit und wird faſt durch=
weg als lieblos verurtheilt. Dennoch iſt unſere Praxis recht.
Man leſe die ganze Heilige Schrift vom erſten Buch bis zum
letzten durch — man wird keine einzige Stelle finden, in wel=
cher einzelnen Chriſten oder ganzen Gemeinden erlaubt würde,
ſolche Lehrer zu hören und überhaupt mit denen kirchliche
Gemeinſchaft zu pflegen, welche — ſei es in viel, ſei es in
wenig Stücken — falſche Lehre führen. Wohl aber finden wir
Hunderte von Stellen, in welchen allen Chriſten aufs ernſt=
lichſte geboten wird, von denen, die falſche Lehre führen, ja zu
weichen. „So thut ihr alle andern Kirchengemeinſchaften in
Bann!" — ruft man uns zu. Durchaus nicht. Wir wiſſen und
bekennen, daß es auch in irrgläubigen Gemeinſchaften, inſofern
in denſelben noch weſentliche Stücke des Wortes Gottes im

Schwange gehen, viele liebe Kinder Gottes gibt, die aus
Schwachheit in der Erkenntniß sich in einem Lager aufhalten,
wohin sie nicht gehören. Aber es wäre wider Gottes Willen
und thöricht, wenn wir um dieser irrenden Christen willen auch
für unsere Person mit den Irrlehrern Gemeinschaft machen und
so die irrenden Christen in ihrem Irrthum und die falschen
Lehrer in ihrer falschen Lehre bestärken wollten. Durch den
Umstand, daß jene 200 Mann von Jerusalem in ihrem Un-
verstand mit dem Rebellen Absalom gingen, wurde es für die
loyalen Israeliten nicht recht, auch ihrerseits in das Rebellen-
lager überzugehen oder doch mit demselben freundschaftliche
Beziehungen zu pflegen.

Unsere Stellung zu den kirchlichen Vereini-
gungsbestrebungen in der Gegenwart wird fortwährend viel kritisirt. Unsere Stellung ist diese: Wir be-
klagen die Zerrissenheit der Kirche in viele, verschiedene Lehren
führende Parteien. Diese Zerrissenheit ist ein Werk des Teufels, wodurch der Kirche unsäglicher Schaden zugefügt wird.
Wie aber ist der Schaden zu heilen? Die Trennung ist dadurch
entstanden, daß falsche Lehrer auftraten, und Christen, anstatt
von ihnen zu weichen, sich zu ihnen hielten. Will man die
Trennung rückgängig machen, so gibt es in der Welt keine andere Art und Weise, als daß die Christen die falschen Lehrer
wieder isoliren, sie strafen und von ihnen weichen. Damit die
Christen in Stand gesetzt werden, dies zu thun, bekämpfen wir
fortwährend in unsern Zeitschriften, von der Kanzel und auch
im Privatverkehr die falsche Lehre und geben wir der rechten
Lehre Zeugniß. Wir sind auch bereit, noch mehr zu thun,
z. B. zu sogenannten freien Conferenzen uns zu versammeln
und auf denselben in aller Geduld über die Lehrdifferenzen aus
Gottes Wort zu handeln. Eine bloße „äußere Verbindung"
ohne eine Einigkeit in allen Artikeln der in der Schrift geoffenbarten Lehre auf das Programm zu setzen; noch anders aus-
gedrückt: darüber zu verhandeln, wie viel man von Gottes

Wort nachlassen könne, anstatt darüber, wie man zur Erkennt=
niß und zur Annahme der ganzen geoffenbarten Wahrheit
komme — das geziemt sich für Christen nicht.

Unsere hinlänglich bekannte Stellung zu den
Logen, wie Oddfellows, Freimaurer 2c., halten wir auch jetzt
noch fest, und gedenken wir auch in Zukunft durch Gottes Gnade
festzuhalten. Logenthum und Christenthum sind zwei Dinge,
die sich schlechterdings nicht mit einander vertragen. In diesen
Logen wird — abgesehen von der Geheimbündelei, den sünd=
lichen Eiden und manchen andern sünblichen Dingen — auch
von einem Wege zur Seligkeit oder in ein „besseres Jenseits"
gesagt. Aber dieser Weg ist nicht Christus, der Gekreuzigte,
und der Glaube an ihn, sondern die moralische Besserung des
Menschen nach naturalistischem Logenrecept. Es wird ferner
in den Logen gebetet, aber nicht im Namen JEsu, in welchem
Namen allein Gott angerufen werden kann und will. Ein
Christ, der da weiß, daß für alle Menschen nur in Christo und
dessen theurem Verdienst das Heil ist, und daß in keinem an=
dern Namen als in dem süßen JEsusnamen gebetet werden
kann, kann mit den Logen nichts zu thun haben. Dies zu be=
zeugen, dürfen wir nicht müde werden, um, so viel an uns ist,
alle, die uns hören wollen, vor der Logengemeinschaft zu be=
wahren, und solche schwache Christen, die sich bereits verführen
ließen, aus der Logengemeinschaft zu erretten.

Was unsere Stellung zu dem vielgestaltigen
Vereinswesen überhaupt anlangt, so erlaubt es die Zeit
und Gelegenheit nicht, auf einzelne Vereine näher einzugehen.
Doch möchte ich hier wenigstens auf einige Grundsätze hin=
weisen, die die Sache decken dürften.

Man unterscheide genau zwischen dem, was sünblich und
dem, was bloß gefährlich ist.

Sünbliche oder der Sünde theilhaftig machende Vereine
sind alle diejenigen, 1) welche, wenn auch nur als Nebenzweck,
eine falsche Religion lehren und falsche Gottesdienste haben;

2) welche von ihren Gliedern sündliche Handlungen fordern und sündliche Transactionen vornehmen; 3) welche, als Vereine, sündliche Lustbarkeiten veranstalten, wenn sie auch die Betheiligung an denselben den einzelnen Gliedern freistellen; 4) welche Dinge thun, die an sich recht sind, aber unter Verkehrung der göttlichen Ordnung. Welche Vereine hierher gehören, muß jedesmal durch eine ebenso gewissenhafte als sorgfältige Beurtheilung entschieden werden.

Ueber die Stellung der Kirche zu solchen sündlichen oder der Sünde theilhaftig machenden Vereinen ist erstlich festzuhalten: was Sünde ist, muß auch als Sünde gestraft werden. Wir würden nicht treu sein, wenn wir aus Furcht vor dem Zeitgeist oder aus andern menschlichen Erwägungen uns davon abhalten ließen, das als Sünde aufzudecken und zu strafen, was an dem Vereinswesen sündlich ist. Es würde Gleichgültigkeit gegen das, was Sünde und ärgerlich ist, unter uns einreißen, und Gleichgültigkeit gegen die Sünde ist ein Todfeind des Evangeliums und Christenthums. Auf der andern Seite ist nicht zu vergessen, daß wir beim Strafen dieser Sünden die Zeitvorurtheile und die Zeitumstände wohl in Anschlag bringen und sorgsam zwischen Todsünden und Schwachheitssünden unterscheiden müssen.

Auch ist nicht zu vergessen, daß die Vereinsfrage in den meisten Fällen nicht sowohl eine Frage der Lehre als des Lebens ist. Die in die Vereine verstrickten Glieder unserer Gemeinden wollen zumeist nicht die rechte Lehre verwerfen, sondern sind durch die Sorge um das irdische Fortkommen 2c. den Vereinen beigetreten.

Das Generalheilmittel für den Schaden des Vereinswesens ist die öffentliche und sonderliche Bezeugung des Evangeliums. Wir wollen den Schaden nicht bloß äußerlich abstellen, sondern von innen heraus heilen. Es gilt das innere geistliche Leben zu stärken. Dies geschieht durch fleißiges Lehren des Evangeliums. Predigen wir den Glauben ins Herz hinein und

entfachen wir den Glauben zur hellen Flamme, daß die Chri=
sten durch den Glauben an ihren Heiland den Himmel haben,
so sorgen sie nicht ängstlich für die kurze Zeit dieses Lebens.
Damit ist aber dem Vereinsübel die Wurzel abgegraben. So
lange wir das lautere Evangelium haben und man dies aus
unserm Munde hören will, sind wir der schwierigsten Position
gewachsen. So überwinden wir auch immer wieder die Welt,
die auf anderm Wege und auf dem Wege der Vereine in unsere
Gemeinden einbringen will.

> Ach, bleib bei uns, HErr JEsu Christ,
> Weil es nun Abend worden ist,
> Dein göttlich Wort, das helle Licht,
> Laß ja bei uns auslöschen nicht. Amen.

Kurzes Sachregister.

4

Gnade Gottes. Die — ist es allein, die uns bekehrt hat 18. Wenn
ein Mensch nicht bekehrt wird, so ist das nicht in einem Mangel
der — begründet 18. Die — ist eine a l l g e m e i n e und freie 20.
Die allgemeine — ist ihrer Kraft und Absicht nach eine be=
lehrende 20. Die allgemeine — darf nicht durch Einwürfe aus
der Vernunft, Geschichte ꝛc. in Zweifel gezogen werden 21.
Gnadenwahl, siehe „Prädestination".
Heilsweg, der christliche 21 f. 23. Synergistischer Character der modern=
lutherischen Lehre vom — 15. Der Synergismus ist eine radi=
cale Verfälschung des — 23. Wir richten durch die Lehre, daß
Gott bei der Erwählung nichts im Menschen angesehen habe,
keinen zweiten — für die Auserwählten auf 23. Ein großer
Theil der sogenannten protestantischen Kirche lehrt den Weg der
Werke als den Weg zur Seligkeit 39 f.
Ich, das christliche, s. unter „Erfahrung".
Inspiration der heiligen Schrift. Was wir unter — verstehen 8. 11.
Falsche Lehre der modernen Theologen von der — 8. 14. Wird
die — aufgegeben, so bleibt die Schrift nicht mehr Quelle und
Norm des Glaubens 8. — ist auf Grund des Zeugnisses der
Schrift zu glauben 11.
Kenotiker 13.
Kirche. Die rechte Lehre von der — ist überaus einfach 24. Die —
sind die Christen 24 f. Wie wichtig es sei, dies festzuhalten 25 f.
Alle geistliche Gewalt in der — haben die, welche die — sind, die
Christen, kein besonderer Stand 27 f. Wie wichtig es sei, dies
festzuhalten 28. Die — ist in diesem Leben unsichtbar 31. Warum
man der — fälschlich eine „sichtbare Seite" zuschreibt 32. Trotz
ihrer Unsichtbarkeit ist die — die allerrealste Macht in dieser
Welt 32 f. In welchem Sinne wir von sichtbarer — reden und
doch nicht zwei — lehren 33 f. Rechtgläubige und irrgläubige
— 34. Die rechtgläubige — ist von Gott gewollt, die irrgläubige
besteht nur durch Gottes Zulassung 35. Wonach die Rechtgläubig=
keit der — zu beurtheilen ist 35 f. Der größte Theil der sogenannten
protestantischen — ist von dem Artikel von der Rechtfertigung ab=
gefallen 39 ff. Die christliche — ist nur Christo und dessen Wort
und keinem Menschen und dessen Wort unterworfen 40. Die
christliche — will nicht über Gottes Wort hinaus klug sein 18.
Die — hat nicht die Aufgabe, die menschliche Vernunft zu be=
friedigen 24. Alle Lehre der — soll auch in die Praxis über=
geführt werden 42. Die — soll Zucht in Lehre und Leben üben 43.

Die Lehre ist die Grundlage für alles Thun der — 42. Die Zer=
riffenheit der — ist ein Werk des Teufels 45, fügt der — unfäg=
lichen Schaden zu 45. Wie die Trennung in der — entstanden
ist, wie sie rückgängig zu machen ist 45. S. „Ortsgemeinde".

Kirchenzucht gehört nicht zum Wesen der Kirche 43. Wo — fehlt, da hat
die Kirche nicht die rechte von Gott gewollte äußere Gestalt 43.
Gesetzlich und evangelisch gehandhabte — 44.

Kritik, höhere. Unterschied der — von der „niederen" oder Textkritik 11.
Resultat der — 12. Unser Urtheil über die — 12.

Logen. Warum Logenthum und Christenthum sich schlechterdings nicht
mit einander vertragen 46.

Ortsgemeinde. Was sie sei 29. 31. Der —, nicht etwa der Kirche
eines ganzen Landes, spricht Christus die Schlüssel des Himmel=
reichs und damit alle geistliche Gewalt zu 29. 30. Die — ist die
einzige von Gott gestiftete äußere Gemeinschaft 29. Der
äußere Zusammenschluß der Christen zur — ist göttliche Ord=
nung 33. Die — ist keine „unbestimmte Größe", sondern klar
in der Schrift definirt 30. Beispiele aus der Schrift, daß die
— die ihr verliehene Gewalt ausgeübt hat 30. Verhältniß der —
zur Gesammtkirche 30. Die — besteht nicht aus Gläubigen und
Heuchlern, sondern die Heuchler sind ihr nur der äußeren Gemein=
schaft nach beigemischt 30 f.

Pabstthum, siehe „Antichrist".

Prädestination und Gnadenwahl. Es gibt eine — oder Erwählung
zur Seligkeit 21. Es gibt keine — zur Verdammniß 20. Was
Schrift und Bekenntniß von der Gnadenwahl lehren 21 f. Gott
hat bei der Erwählung nichts im Menschen angesehen, das ihn
dazu bewogen oder veranlaßt hätte 23. Es bleiben bei unserer
Lehre von der — manche Fragen für die menschliche Vernunft
ungelöst 24.

Rechtfertigung. Lehre von der — ist der Hauptartikel der christlichen
Religion 20. Ist das Lebenselement für den Christen 38. Der
Semipelagianismus und jeder Synergismus tastet den Artikel
von der — an 18 ff. Die neuere Theologie ist von diesem Artikel
abgefallen 39 f.

Sohn Gottes. Unsere Lehre vom —, dem modernen Irrthum gegen=
über 13. Der — hat auch im Stande der Erniedrigung die
ganze göttliche Herrlichkeit besessen und zu unserer Erlösung ge=
braucht 14. Die das „Empfangen vom Heiligen Geist" leugnen,
stehen außerhalb der christlichen Kirche 14.